KB035421

고려대 재미있는 한국어

읽기 Reading

고려대학교 한국어센터 편

English Version

KU PRESS
고려대학교 출판문화원

책을 내며

고려대학교 한국어센터는 1986년 설립된 이래 한국어와 한국 문화를 재미있게 배우고 효과적으로 가르치는 방법을 연구해 왔습니다. 《고려대 한국어》와 《고려대 재미있는 한국어》는 한국어센터에서 내놓는 세 번째 교재로 그동안 쌓아 온 연구 및 교수 학습의 성과를 바탕으로 하고 있습니다.

이 책의 가장 큰 특징은 한국어를 처음 접하는 학습자도 쉽게 배워서 바로 사용할 수 있도록 구성했다는 점입니다. 한국어 환경에서 자주 쓰이는 항목을 최우선하여 선정하고 이 항목을 학습자가 교실 밖에서 사용할 수 있도록 연습 기회를 충분히 그리고 다양하게 제공하고 있습니다.

이 책을 내기까지 많은 분들의 도움을 받았습니다. 먼저 지금까지 고려대학교 한국어센터에서 한국어를 공부한 학습자들께 감사드립니다. 쉽고 재미있는 한국어 교수 학습에 대한 학습자들의 다양한 요구가 없었다면 이 책은 나오지 못했을 것입니다. 그리고 한국어 학습자들의 요구에 부응하기 위해 열정적으로 교육과 연구에 헌신하고 계신 고려대학교 한국어센터의 선생님들께도 감사드립니다.

무엇보다 한국어 학습자와 한국어 교원의 요구 그리고 한국어 교수 학습 환경을 종합적으로 고려한 최상의 한국어 교재를 위해 밤낮으로 고민하고 집필에 매진하신 고려대학교 국어국문학과 김정숙 교수님을 비롯한 저자분들께 깊은 감사를 드립니다. 이 밖에도 이 책이 보다 멋진 모습을 갖출 수 있도록 도와주신 고려대학교 출판문화원의 윤인진 원장님과 직원 여러분께도 감사드립니다. 그리고 집필진과 출판문화원의 요구를 수용하여 이 교재에 맵시를 입히고 멋을 더해 주신 랭기지플러스의 편집 및 디자인 전문가, 삽화가의 노고에도 깊은 경의를 표합니다.

부디 이 책이 쉽고 재미있게 한국어를 배우고자 하는 한국어 학습자와 효과적으로 한국어를 가르치고자 하는 한국어 교원 모두에게 도움이 되기를 바랍니다. 또한 앞으로 한국어 교육의 내용과 방향을 선도하는 역할도 아울러 할 수 있게 되기를 희망합니다.

2019년 7월
국제어학원장 박성철

이 책의 특징

《고려대 한국어》와 《고려대 재미있는 한국어》는 '형태를 고려한 과제 중심 접근 방법'에 따라 개발된 교재입니다. 《고려대 한국어》는 언어 항목, 언어 기능, 문화 등이 통합된 교재이고, 《고려대 재미있는 한국어》는 말하기, 듣기, 읽기, 쓰기로 분리된 기능 교재입니다.

《고려대 한국어》 2A와 2B가 100시간 분량, 《고려대 재미있는 한국어》 말하기, 듣기, 읽기, 쓰기가 100시간 분량의 교육 내용을 담고 있습니다. 200시간의 정규 교육 과정에서는 여섯 권의 책을 모두 사용하고, 100시간 정도의 단기 교육 과정이나 해외 대학 등의 한국어 강의에서는 강의의 목적이나 학습자의 요구에 맞는 교재를 선택하여 사용할 수 있습니다.

《고려대 재미있는 한국어》의 특징

▶ **한국어를 처음 배우는 학습자도 쉽게 배울 수 있습니다.**
  - 한국어 표준 교육 과정에 맞춰 성취 수준을 낮췄습니다. 핵심 표현을 정확하고 유창하게 사용하는 것이 목표입니다.
  - 제시되는 언어 표현을 통제하여 과도한 입력의 부담 없이 주제와 의사소통 기능에 충실할 수 있습니다.
  - 알기 쉽게 제시하고 충분히 연습하는 단계를 마련하여 학습한 내용의 이해에 그치지 않고 바로 사용할 수 있습니다.

▶ **학습자의 동기를 이끄는 즐겁고 재미있는 교재입니다.**
  - 한국어 학습자가 가장 많이 접하고 흥미로워하는 주제와 의사소통 기능을 다룹니다.
  - 한국어 학습자의 특성과 요구를 반영하여 실제적인 자료를 제시하고 유의미한 과제 활동을 마련했습니다.
  - 한국인의 언어생활, 언어 사용 환경의 변화를 발 빠르게 반영했습니다.
  - 친근하고 생동감 있는 삽화와 입체적이고 감각적인 디자인으로 학습의 재미를 더합니다.

《고려대 재미있는 한국어 2》의 구성

▶ 말하기 20단원, 듣기 10단원, 읽기 10단원, 쓰기 13단원으로 구성하였으며 한 단원은 내용에 따라 1~4시간이 소요됩니다.

▶ 각 기능별 단원 구성은 아래와 같습니다.

말하기

도입	배워요 1~2	말해요 1~3	자기 평가
학습 목표 생각해 봐요	주제, 기능 수행에 필요한 어휘와 문법 제시 및 연습	• 형태적 연습/유의적 연습 • 의사소통 말하기 과제 • 역할극/짝 활동/게임 등	

듣기

도입	들어요 1	들어요 2~3	자기 평가	더 들어요
학습 목표 음운 구별	어휘나 표현에 집중한 부분 듣기	주제, 기능과 관련된 다양한 듣기		표현, 기능 등이 확장된 듣기

읽기

도입	읽어요 1	읽어요 2~3	자기 평가	더 읽어요
학습 목표 생각해 봐요	어휘나 표현에 집중한 부분 읽기	주제, 기능과 관련된 다양한 읽기		표현, 기능 등이 확장된 읽기

쓰기

도입	써요 1	써요 2	자기 평가
학습 목표	어휘나 표현에 집중한 문장 단위 쓰기	주제, 기능에 맞는 담화 차원의 쓰기	

▶ 교재의 앞부분에는 '이 책의 특징'을 배치했고, 교재의 뒷부분에는 '정답'과 '듣기 지문', '어휘 찾아보기', '문법 찾아보기'를 부록으로 넣었습니다.

▶ 모든 듣기는 MP3 파일 형태로 내려받아 들을 수 있습니다.

《고려대 재미있는 한국어 2》의 목표

일상생활에서 자주 접하는 주제인 자기소개, 건강, 여가 활동, 가족, 여행 등에 대해 이해하고 표현할 수 있습니다. 길 묻기, 옷 사기, 축하와 위로하기 등의 기본적인 의사소통 기능을 수행할 수 있습니다. 한국어의 높임말과 반말의 쓰임을 알고 구별하여 말할 수 있습니다.

About the Textbook

KU Korean Language and *KU Fun Korean* adopt a "task-based approach with forms in consideration". The former integrates language items, language skills, and culture while the latter separates language skills into speaking, listening, reading, and writing.

KU Korean Language composed of 2A and 2B offers a 100-hour language course, and *KU Fun Korean* also contains a 100-hour course for speaking, listening, reading, and writing as a whole. Therefore, using the six volumes of the two together makes up a regular 200-hour language program. In the case of 100-hour short language programs or Korean language courses in overseas universities, these volumes can be selectively used according to the purpose of the program or the needs of the learner.

About *KU Fun Korean*

▶ **The textbook helps even beginners learn Korean in an easy way.**
  - The level of target achievement is moderated in accordance with the International Standard Curriculum of Korean Language. It aims to facilitate accurate and fluent use of key expressions.
  - By restricting the number of language expressions for input, more focus can be placed on topics and communicative skills while alleviating pressure put on the learner.
  - Learners can readily understand what they learn thanks to easy explanations and also immediately apply their knowledge to practice by completing a sufficient number of exercises.

▶ **The textbook is a fun and interesting textbook that can motivate the learner.**
  - It addresses the topics and communication skills that the Korean language learner is highly interested in as they are frequently used in real life.
  - By reflecting on the characteristics and needs of Korean language learners, practical materials have been developed incorporating meaningful task-based activities.
  - It reflects the fast-changing Korean language lifestyle and environment.
  - Familiar and engaging illustrations, as well as stereoscopic and stylish design, add fun to learning Korean.

The Composition of *KU Fun Korean 2*

▶ It consists of 20 units of speaking, 10 units of listening, 10 units of reading, and 13 units of writing, and each units requires 1-4 hours in tandem with the content.

▶ Units for each communicative function are structured as follows

🔊 Speaking

Introduction	Let's learn 1~2	Speaking 1~3	Self-check
Learning objectives Let's think	Topic, vocabulary and grammar required for performing communicative functions, and exercise activities	• Exercises that focus on form and meaning • Conversational speaking tasks • Role plays/pair activities/ games, etc.	

🎧 Listening

Introduction	Listening 1	Listening 2~3	Self-check	Listening more
Learning objectives Sound discrimination	Listening focusing on vocabulary or expressions	Various types of listening practice related to the topic and communicative functions		Listening exercises on extended expressions and their communicative functions

📖 Reading

Introduction	Reading 1	Reading 2~3	Self-check	Reading more
Learning objectives Let's think	Reading focusing on vocabulary or expressions	Various types of reading practice related to the topic and communicative functions		reading exercises on extended expressions and their communicative functions

✏️ Writing

Introduction	Writing 1	Writing 2	Self-check
Learning objectives	Sentence-based writing focusing on vocabulary or expressions	Dialogue writing related to the topic and communicative functions	

▶ About the Textbook is located in the beginning of the book, and Correct Answers, and Listening Scripts, the Vocabulary and Grammar Index are in the appendix.

▶ All audio files can be downloaded as MP3 files.

Learning Objectives of *KU Fun Korean 2*

Learners can understand and express their thoughts on the topics related to their daily life, such as self-introductions, health, favorite things, family, and travel. They can perform basic conversational tasks such as asking for directions, buying clothes, and congratulating and consoling someone. They can also discern differences between polite and casual expressions in Korean and speak appropriately according to the situation.

이 책의 특징 About the Textbook

단원 제목 Title of the unit

학습 목표 Learning objectives

• 단원의 의사소통 목표입니다.
  It is the communicative objectives of the lesson.

생각해 봐요 Let's think

• 그림이나 사진을 보며 단원의 주제 또는 기능을 생각해
  봅니다.
  The learner looks at a picture or drawing and
  thinks about the topic or communicative function
  of the lesson.

읽어요 2, 3 Read 2, 3

• 단원의 주제와 기능이 구현된 의사소통적 읽기 과제
  활동입니다.
  This exercise involves a communicative reading
  task associated with the topic and communicative
  function of the lesson.

• 담화 단위의 읽기입니다.
  The learner reads a passage.

• 읽어요 2와 3은 담화의 중심 내용이나 세부 내용, 필자의
  태도, 격식 등에 차이를 두었습니다.
  Read 2 and Read 3 exercises differ in terms of
  detailed content, perspective of the writer, and
  formality.

자기 평가 Self-check

• 학습 목표의 달성 여부를 학습자가 스스로 점검합니다.
  Learners evaluate to what extent they have achieved
  the learning objectives.

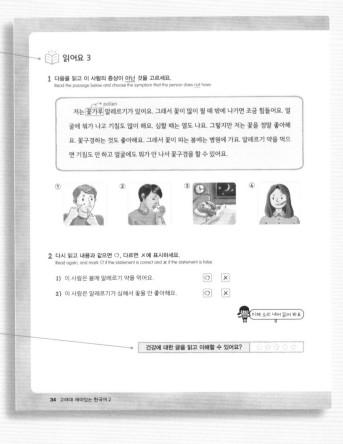

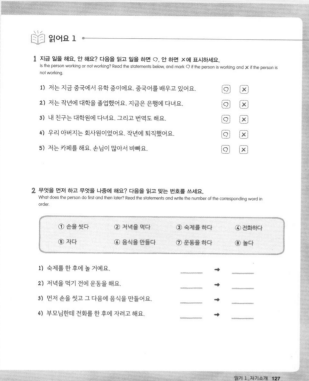

읽어요 1

1 지금 일을 해요, 안 해요? 다음을 읽고 일을 하면 ○, 안 하면 ✕에 표시하세요.
Is the person working or not working? Read the statements below, and mark ○ if the person is working and ✕ if the person is not working.

1) 저는 지금 중국에서 유학 중이에요. 중국어를 배우고 있어요. ○ ✕

2) 저는 작년에 대학을 졸업했어요. 지금은 은행에 다녀요. ○ ✕

3) 내 친구는 대학원에 다녀요. 그리고 번역도 해요. ○ ✕

4) 우리 아버지는 회사원이었어요. 작년에 퇴직했어요. ○ ✕

5) 저는 카페를 해요. 손님이 많아서 바빠요. ○ ✕

2 무엇을 먼저 하고 무엇을 나중에 해요? 다음을 읽고 맞는 번호를 쓰세요.
What does the person do first and then later? Read the statements and write the number of the corresponding word in order.

① 손을 씻다	② 저녁을 먹다	③ 숙제를 하다	④ 전화하다
⑤ 자다	⑥ 음식을 만들다	⑦ 운동을 하다	⑧ 놀다

1) 숙제를 한 후에 놀 거예요. ____ → ____

2) 저녁을 먹기 전에 운동을 해요. ____ → ____

3) 먼저 손을 씻고 그 다음에 음식을 만들어요. ____ → ____

4) 부모님한테 전화를 한 후에 자려고 해요. ____ → ____

읽기 1_자기소개 **127**

읽어요 1 Read 1

- 단원의 주제를 표현하거나 기능을 수행하는 데 필요한 어휘 및 문법 표현에 초점을 둔 읽기 연습 활동입니다.
  This reading practice focuses on vocabulary or grammar items essential to understanding the topic of the lesson or performing communicative functions.

- 짧은 문장 단위의 읽기입니다.
  This exercise involves reading short sentences.

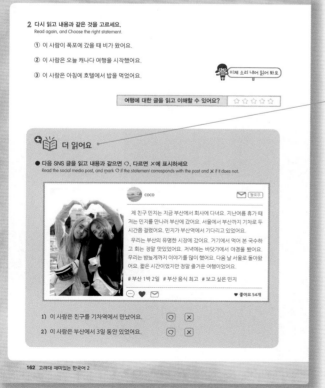

2 다시 읽고 내용과 같은 것을 고르세요.
Read again, and Choose the right statement.

① 이 사람이 폭포에 갔을 때 비가 왔어요.

② 이 사람은 오늘 캐나다 여행을 시작했어요.

③ 이 사람은 아침에 호텔에서 밥을 먹었어요.

이제 소리 내어 읽어 봐요

여행에 대한 글을 읽고 이해할 수 있어요? ☆☆☆☆☆

🔖 더 읽어요

● 다음 SNS 글을 읽고 내용과 같으면 ○, 다르면 ✕에 표시하세요
Read the social media post, and mark ○ if the statement corresponds with the post and ✕ if it does not.

coco 팔로우

제 친구 민지는 지금 부산에서 회사에 다녀요. 지난여름 휴가 때 저는 민지를 만나러 부산에 갔어요. 서울에서 부산까지 기차로 두 시간쯤 걸렸어요. 민지가 부산역에서 기다리고 있었어요.
우리는 부산의 유명한 시장에 갔어요. 거기에서 먹어 본 국수하고 회는 정말 맛있었어요. 저녁에는 바닷가에서 야경을 봤어요. 우리는 밤늦게까지 이야기를 많이 했어요. 다음 날 서울로 돌아왔어요. 짧은 시간이었지만 정말 즐거운 여행이었어요.

\# 부산 1박 2일 \# 부산 음식 최고 \# 보고 싶은 민지

♥ 좋아요 54개

1) 이 사람은 친구를 기차역에서 만났어요. ○ ✕

2) 이 사람은 부산에 3일 동안 있었어요. ○ ✕

162 고려대 재미있는 한국어 2

더 읽어요 Read more

- 확장된 읽기 과제 활동입니다.
  This is an extended reading task activity.

- 주제와 기능이 달라지거나 실제성이 강조된 읽기입니다.
  The topic or communicative function changes or more practical expressions are used for the reading task.

- 단원의 성취 수준을 다소 상회하는 수준의 읽기로 단원의 목표에는 포함되지 않습니다.
  The difficulty of the reading task is a little higher than the level of the lesson, and therefore, the exercise is not included in the objectives of the lesson.

- 교육 과정이나 학습자 수준에 따라 선택적으로 활동을 합니다.
  The activity is optional depending on the curriculum or the levels of learners.

읽기
Reading

차례 Contents

읽기 1
자기소개 Self-introduction

 자기소개하는 글을 읽고 이해할 수 있다.

 생각해 봐요

● **다음을 보고 이 사람은 누구인지, 무엇을 했는지 이야기하세요.**
Look at the illustration and talk about who the person is and what the person did.

이력서

인적사항		
	성명	마히카 파두콘(Mahika Padukone)
	생년월일	1995년 8월 29일
	출생지	인도 뉴델리
	주소	서울시 성북구 북악산로 27번길
	휴대전화	010-6128-7673
	E-mail	mahika_korean@mail.com
학력사항	2019.	인도 네루대학교(Jawaharlal Nehru University) 한국어학과 (Center for Korean Studies) 졸업
	2022.	고려대학교 대학원 국어국문학(한국어문화교육 전공) 졸업

📖 읽어요 1

1 **지금 일을 해요, 안 해요? 다음을 읽고 일을 하면 ○, 안 하면 ✕에 표시하세요.**
Is the person working or not working? Read the statements below, and mark ○ if the person is working and ✕ if the person is not working.

1) 저는 지금 중국에서 유학 중이에요. 중국어를 배우고 있어요.   ○   ✕

2) 저는 작년에 대학을 졸업했어요. 지금은 은행에 다녀요.   ○   ✕

3) 내 친구는 대학원에 다녀요. 그리고 번역도 해요.   ○   ✕

4) 우리 아버지는 회사원이었어요. 작년에 퇴직했어요.   ○   ✕

5) 저는 카페를 해요. 손님이 많아서 바빠요.   ○   ✕

2 **무엇을 먼저 하고 무엇을 나중에 해요? 다음을 읽고 맞는 번호를 쓰세요.**
What does the person do first and then later? Read the statements and write the number of the corresponding word in order.

> ① 손을 씻다   ② 저녁을 먹다   ③ 숙제를 하다   ④ 전화하다
>
> ⑤ 자다   ⑥ 음식을 만들다   ⑦ 운동을 하다   ⑧ 놀다

1) 숙제를 한 후에 놀 거예요.   _____ ➡ _____

2) 저녁을 먹기 전에 운동을 해요.   _____ ➡ _____

3) 먼저 손을 씻고 그 다음에 음식을 만들어요.   _____ ➡ _____

4) 부모님한테 전화를 한 후에 자려고 해요.   _____ ➡ _____

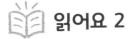 **읽어요 2**

1 다음을 읽고 이 글에 나오지 <u>않은</u> 것을 고르세요.
Read the passage below and choose the one that is <u>not</u> mentioned in the passage.

> 저는 모리야마 나쓰미예요. 일본 사람이에요. 지금 한국어를 공부하고 있어요. 저는 전에 약사였어요. 약국에서 일했어요. 일은 안 힘들었어요. 그렇지만 재미없었어요. 그래서 일을 그만두고 한국에 왔어요. 한국어 공부를 마친 후에 일본에 돌아갈 거예요. 그리고 한국어 번역 일을 하고 싶어요.

① 이름 　　　　② 직업 　　　　③ 나라 　　　　④ 가족

2 다시 읽고 내용과 같은 것을 고르세요.
Read again, and choose the right statement.

① 이 사람은 약사가 되고 싶어 해요.

② 이 사람은 전에 일이 힘들어서 그만두었어요.

③ 이 사람은 한국어 공부가 끝난 후에 고향에 돌아갈 거예요.

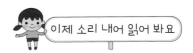
이제 소리 내어 읽어 봐요

읽어요 3

1 이 사람의 직업은 무엇이에요? 다음을 읽고 쓰세요.
What does the person do for a living? Read the passage and write the answer.

> 저는 여행을 좋아해요. 그래서 여러(→ many) 나라를 여행했어요. 한국에는 칠 년 전에 처음 왔어요. 한 달 동안(→ for) 한국을 여행했어요. 사람을 많이 만나고 한국의 여기저기를 구경했어요. 한국이 너무 좋았어요. 그래서 오 년 전에 다시 한국에 왔어요. 한국어를 배우고 한국에서 대학교를 졸업했어요. 지금은 관광 가이드 일을 하고 있어요.

2 다시 읽고 내용과 같은 것을 고르세요.
Read again, and choose the right statement.

① 이 사람은 칠 년 동안 여러 나라를 여행했어요.

② 이 사람은 대학을 졸업한 후에 한국에 다시 왔어요.

③ 이 사람은 한국의 여러 곳을 여행하고 여러 한국 사람을 만났어요.

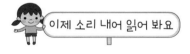

자기소개하는 글을 읽고 이해할 수 있어요? ☆ ☆ ☆ ☆ ☆

🕮 더 읽어요

● **다음을 읽고 아래 표를 완성하세요.**
Read the passage and fill out the table below.

> 내 친구 제프리를 소개할게요. 제프리는 미국 사람이에요. 그런데 중국에서 오래 살았어요. 초등학교부터 고등학교까지 중국에서 학교를 다녔어요. 대학은 영국에서 다녔어요. 제프리는 대학을 졸업한 후에 한국 대학의 대학원에 입학했어요. 나중에 한국학을 가르치는 교수가 되고 싶어 해요.

초등학교 입학   고등학교 졸업

| 중국 | | |

읽기 2
위치 Location

위치를 설명하는 글을 읽고 이해할 수 있다.

 생각해 봐요

● 다음을 보세요. 여기에 무엇이 있는지 이야기하세요.
Look at the map and talk about what you see in it.

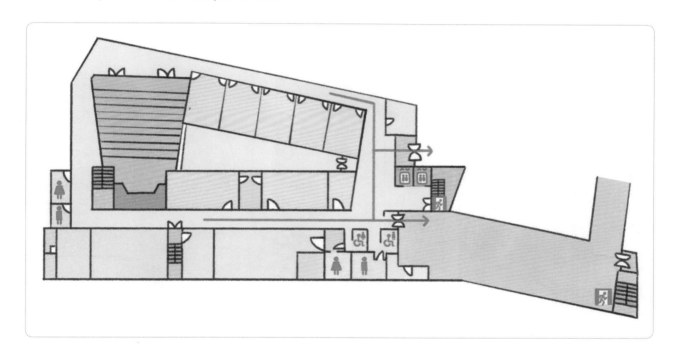

읽어요 1

1 다음을 읽고 그림과 같으면 ◯, 다르면 ✕에 표시하세요.
Read the statement, and mark ◯ if it matches the picture and ✕ if it doesn't.

1) 여기에 엘리베이터가 없어요.   ◯   ✕

2) 자동판매기가 화장실 옆에 있어요.   ◯   ✕

3) 현금인출기가 자판기 왼쪽에 있어요.   ◯   ✕

4) 탁자 위에 가방이 있어요.   ◯   ✕

5) 가방 안에 한국어 책이 있어요.   ◯   ✕

2 어떻게 가요? 그림을 보고 맞는 것을 연결하세요.
How do you get there? Look at the picture and match each place with the corresponding directions.

1) 화장실 •

2) 식당 •

3) 카페 •

4) 주차장 •

• ① 오른쪽으로 돌아가면 돼요.

• ② 왼쪽으로 돌아가면 돼요.

• ③ 위로 올라가서 왼쪽으로 가세요.

• ④ 위로 올라가서 오른쪽으로 가세요.

이제 소리 내어 읽어 봐요

 **읽어요 2**

1 한국 병원에 어떻게 가요? 다음을 읽고 지도의 어느 부분인지 번호를 찾아서 쓰세요.
How do you get to Hankook Hospital? Read each statement below and write down the corresponding number from the map.

→ bookstore

1) 서점을 지나서 계속 가세요. _____

2) 약국에서 왼쪽으로 돌아가서 똑바로 가세요. _____

3) 편의점에서 왼쪽으로 돌아가서 조금만 더 가면 돼요. _____

4) 지하철 3번 출구로 나가서 왼쪽으로 가세요. 그러면 약국이 있어요. _____

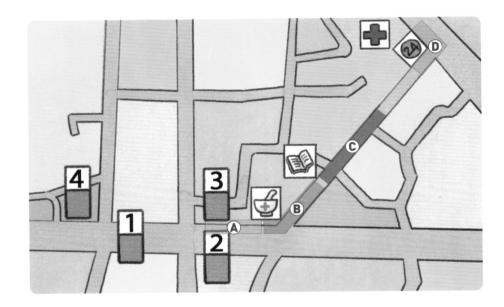

2 다시 읽고 한국 병원에 가는 방법을 순서대로 쓰세요.
Read the directions again and write down the correct order of the numbers to get to Hankook Hospital.

4) ➡ _____ ➡ _____ ➡ _____

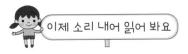
이제 소리 내어 읽어 봐요

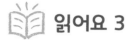

읽어요 3

1 망원 시장은 어디에 있어요? 다음을 읽고 지도에 표시하세요.
Where is Mangwon Market? Read the passage and mark it on the map.

지난 주말에 친구하고 망원 시장에 처음 갔어요. 망원 시장은 지하철 6호선 망원역 근처에 있어요. 그래서 우리는 지하철을 탔어요. 망원역 2번 출구로 나가서 똑바로 갔어요.

우체국이 있었어요.
거기에서 왼쪽으로 돌아가서 똑바로 갔어요.
카페가 예쁘지요? 망원 시장은 여기에서 왼쪽으로
조금만 더 가면 돼요.

여기가 망원 시장이에요.
망원 시장은 아주 크고 사람도 많았어요.
우리는 먼저 점심을 먹었어요. 싸고 정말 맛있었어요.
점심을 먹은 후에는 망원 시장을 구경했어요. 재미있었어요.

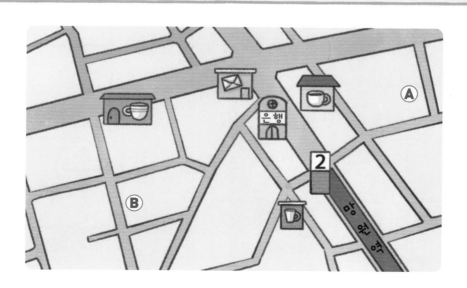

2 다시 읽고 내용과 같은 것을 고르세요.
Read again, and choose the right statement.

① 이 사람은 망원 시장에 많이 갔어요.

② 이 사람은 망원 시장에 버스를 타고 갔어요.

③ 이 사람은 망원 시장에서 점심을 사서 먹었어요.

이제 소리 내어 읽어 봐요

| 위치를 설명하는 글을 읽고 이해할 수 있어요? | ☆ ☆ ☆ ☆ ☆ |

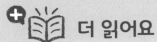 더 읽어요

● 다음을 읽고 내용에 맞게 쓰세요.
Read the passage and correct the information according to the picture.

우리 집 근처에 대형 마트가 있어요. 물건이 싸고 좋아서 사람들이 많이 가요. 지하 일 층에는 병원하고 약국이 있어요. 일 층에는 식당하고 카페가 있어요. 장을 보고 싶어요? 그러면 이 층으로 올라가서 오른쪽으로 가면 돼요. 슈퍼가 있어요. 옷을 사고 싶으면 이 층에서 왼쪽으로 가세요. 삼 층은 주차장이에요.

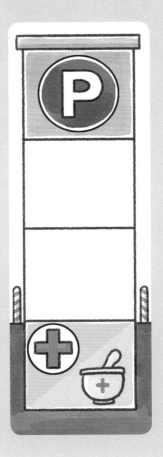

여가 생활 Leisure Activities

여가 생활에 대한 글을 읽고 이해할 수 있다.

 생각해 봐요

● 다음을 보세요. 여러분이 좋아하는 것이 있어요?
Look at the illustration below. Is there anything you like?

노래 **SINGING**

한국어교육관 강당 (B106)
A반: 화요일, 오후 2시 ~ 오후 4시
B반: 화요일, 오후 4시 ~ 오후 6시

댄스 **DANCING**

한국어교육관 동아리실 (B108)
A반: 수요일, 오후 2시 ~ 오후 4시
B반: 수요일, 오후 4시 ~ 오후 6시

사물놀이

한국어교육관 B108
월요일, 오후 6시

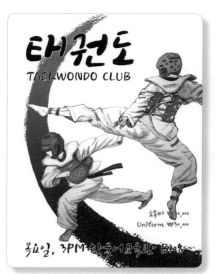

태권도
TAEKWONDO CLUB

도복비 ₩40,000
Uniform ₩40,000

목요일, 3PM 한국어교육관 B10

요리 **KOREAN COOKING**

서울요리학원
월요일, 오후 2시 30분

사진 **PHOTOGRAPHY**

한국어교육관 111호
월요일, 오후 3시

 **읽어요 1**

1 다음을 읽고 맞는 그림을 연결하세요.
Match each sentence below with a corresponding picture.

1) 저는 농구하는 것을 좋아해요. • • ①

2) 제 취미는 피아노를 치는 거예요. • • ②

3) 저는 영화를 자주 봐요. • • ③

4) 요가를 하는 것이 제 취미예요. • • ④

5) 사진 찍는 것이 재미있어요. • • ⑤

6) 가수가 되고 싶어서 매일 춤을 연습해요. • • ⑥

2 다음을 읽고 그림과 같으면 ○, 다르면 ✕에 표시하세요.
Read the statement, and mark ○ if it matches the picture and ✕ if it doesn't.

1) 학교에 올 때 비가 왔어요.

○   ✕

2) 공부하러 카페에 가요.

○   ✕

3) 노래 듣는 것을 좋아해요.

○   ✕

4) 밥 먹을 때 스마트폰을 봐요.

○   ✕

5) 농구하는 것이 어려워요.

○   ✕

6) 한국어를 공부하러 한국에 왔어요.

○   ✕

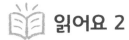 **읽어요 2**

1 다음을 읽고 이 사람이 회사 일이 끝나고 하는 것을 고르세요.
Read the passage below and choose the activity the person does after work.

> 저는 어렸을 때부터 음악을 좋아해서 자주 음악을 들었어요. 악기도 배우고 싶었지만 못 배웠어요. 두 달 전부터 피아노를 배우러 다녀요. 회사 근처에 피아노 학원이 있어서 회사 일이 끝난 후에 학원에 가요. 아직[→ yet] 잘 못 치지만 정말 재미있어요. 그래서 일이 힘들고 피곤할 때도 학원에 가요. 다음 달에는 피아노를 사서 집에서 연습도 할 거예요.

①  ②  ③  ④

2 다시 읽고 내용과 같은 것을 고르세요.
Read again, and choose the right statement.

① 이 사람은 어렸을 때부터 악기를 배웠어요.

② 이 사람의 회사 근처에 악기 학원이 있어요.

③ 이 사람은 두 달 전부터 집에서 피아노 연습을 해요.

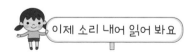
이제 소리 내어 읽어 봐요

1 다음을 읽고 이 사람의 취미가 무엇인지 고르세요.
Read the passage below and choose the person's hobby.

저는 사 개월 전에 한국에 왔어요. 우리 나라에 살 때 저는 사진을 자주 안 찍었어요. 그런데 한국에 온 후에는 사진을 많이 찍고 있어요. 한국 음식 사진, 한국 사람들 사진, 한국의 산하고 바다 사진도 있어요. 이 사진을 SNS에 올려요. 내 SNS를 고향의 가족하고 친구들이 자주 봐요. 그래서 요즘 제 취미는 SNS에 한국 사진을 올리는 것이에요.

올리다 upload

①  ②  ③  ④

2 다시 읽고 내용과 같은 것을 고르세요.
Read again, and choose the right statement.

① 이 사람은 한국 사람들 사진만 찍어요.

② 이 사람은 사진을 배우려고 한국에 왔어요.

③ 이 사람은 사 개월 전부터 한국에서 살았어요.

이제 소리 내어 읽어 봐요

여가 생활에 대한 글을 읽고 이해할 수 있어요? ☆ ☆ ☆ ☆ ☆

➕📖 더 읽어요

● **다음을 읽고 내용과 같으면 ◯, 다르면 ✕에 표시하세요.**
Read the passage and mark ◯ if the statement is correct and ✕ if the statement is false.

> 저는 운동하는 것을 좋아해요. 특히 수영을 좋아해요. 고향에 있을 때는 수영장에 자주 갔어요. 날씨가 따뜻할 때에는 집 근처 바다에서 수영을 할 때도 있었어요. 그런데 작년에 한국에 온 후에는 운동을 전혀 못 하고 있어요. 수영을 하고 싶지만 근처에 수영장이 없어요. 그래서 어제는 헬스장에 처음 갔어요. 헬스장에서 하는 운동도 생각보다 재미있었어요.

1) 이 사람은 바다에서는 수영을 할 수 없어요.   ◯   ✕

2) 이 사람은 고향에 있을 때 운동을 자주 했어요.   ◯   ✕

읽기 4
건강 Health

건강에 대한 글을 읽고 이해할 수 있다.

생각해 봐요

● 다음을 보세요. 어디가 아파요? 어떻게 해요? 이야기해 보세요.
Look at the illustration below. Where do you feel sick? What should you do? Talk about it.

이럴 때는 당장 병원⁺으로!

읽어요 1

1 지금 아파요, 안 아파요? 다음을 읽고 아프면 ◯, 안 아프면 ✕에 표시하세요.
Does the person feel sick or not? Read each statement, and mark ◯ if the person feels sick and ✕ if the person does not.

1) 감기에 걸렸어요. 열이 나고 기침을 해요.　　　　◯　✕

2) 일이 많아서 힘들어요. 주말에는 쉬고 싶어요.　　◯　✕

3) 알레르기가 심해요. 오늘은 집에 있으려고 해요. ◯ ✕

4) 머리가 아파서 약을 먹었어요. 지금은 괜찮아요. ◯ ✕

5) 배탈이 났어요. 지금은 밥도 빵도 먹으면 안 돼요. ◯ ✕

6) 어제 잠을 안 자고 계속 게임했어요. 조금 피곤해요. ◯ ✕

2 그림을 보고 맞는 것을 고르세요.
Look at the pictures and choose the correct statement.

1)

① 저는 많이 자면 머리가 아파요.

② 저는 머리가 아프면 많이 자요.

2)

① 저는 밥을 많이 먹으면 잘 자요.

② 저는 밥을 많이 먹으면 잘 못 자요.

3)

① 저는 운동을 하면 너무 피곤해요.

② 저는 피곤하면 운동을 해요. 기분이 좋아요.

4)

① 저는 잠을 못 자면 책을 읽어요.

② 저는 책을 읽으면 잠을 못 자요.

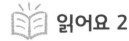 **읽어요 2**

1 이 사람은 어디를 다쳤어요? 고르세요.
Where is the person injured? Choose the correct answer.

> 저는 농구를 좋아해요. 수업이 끝나고 친구들하고 자주 농구를 해요. 어제 오후에도 농구를 했어요. 그때 발목을 다쳤어요. 처음에는 많이 안 아팠어요. 그렇지만 저녁에는 너무 아팠어요. 잠도 잘 수 없었어요. 오늘 아침에 병원에 갔다 왔어요. 약을 먹어서 지금은 안 아파요. 그렇지만 운동을 하면 안 돼요.

① 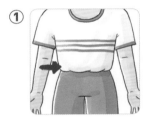　② 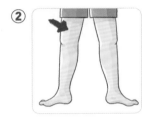　③ 　④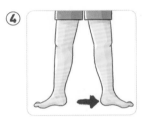

2 다시 읽고 내용과 같은 것을 고르세요.
Read again, and choose the right statement.

① 이 사람은 지금 농구를 하면 안 돼요.

② 이 사람은 병원은 안 가고 약만 먹었어요.

③ 이 사람은 어제 잠을 잘 때에는 안 아팠어요.

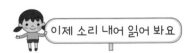
이제 소리 내어 읽어 봐요

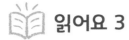 **읽어요 3**

1 다음을 읽고 이 사람의 증상이 <u>아닌</u> 것을 고르세요.
Read the passage below and choose the symptom that the person does <u>not</u> have.

> → pollen
> 저는 꽃가루 알레르기가 있어요. 그래서 꽃이 많이 필 때 밖에 나가면 조금 힘들어요. 얼굴에 뭐가 나고 기침도 많이 해요. 심할 때는 열도 나요. 그렇지만 저는 꽃을 정말 좋아해요. 꽃구경하는 것도 좋아해요. 그래서 꽃이 피는 봄에는 병원에 가요. 알레르기 약을 먹으면 기침도 안 하고 얼굴에도 뭐가 안 나서 꽃구경을 할 수 있어요.

①  ②  ③  ④

2 다시 읽고 내용과 같으면 ◯, 다르면 ✕에 표시하세요.
Read again, and mark ◯ if the statement is correct and ✕ if the statement is false.

1) 이 사람은 봄에 알레르기 약을 먹어요.　　　◯　✕

2) 이 사람은 알레르기가 심해서 꽃을 안 좋아해요.　◯　✕

  이제 소리 내어 읽어 봐요

건강에 대한 글을 읽고 이해할 수 있어요?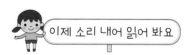

➕📖 더 읽어요

● 물을 잘 마시면 건강하게 살 수 있어요. 여러분은 물을 많이 마셔요? 다음을 읽고 ✔ 표 하세요.
Drinking enough water helps you live a healthy life. Do you drink a lot of water? Read the checklist and check the things you do.

✔ 체크리스트

☐ 하루에 8잔 이상 마셔요.	☐ 화장실을 다녀온 후에 마셔요.
☐ 식사 30분 전에 마셔요.	☐ 운동할 때 마셔요.
☐ 물을 천천히 마셔요.	☐ 샤워 전, 샤워 후에 마셔요.
☐ 커피, 콜라보다 물을 더 마셔요.	☐ 아침에 일어나면 바로 마셔요.

✔ 7~8개	✔ 4~6개	✔ 0~4개
지금처럼 계속!	조금만 더!	항상 물을
물을 잘 마시고 있어요.	언제 더 마실 수 있어요?	더!더!더! 많이 드세요.

읽기 5
좋아하는 것 Favorites

좋아하는 것에 대한 글을 읽고 이해할 수 있다.

 생각해 봐요

● 다음을 보고 어느 것을 좋아하는지 이야기하세요.
Look at the pictures and talk about the things you prefer.

당신의 선택은?

 읽어요 1

1 다음을 읽고 그림의 번호를 쓰세요.
Write the number of the corresponding picture for each sentence.

   1) 어깨가 넓고 뚱뚱해요. _____

   2) 눈이 크고 머리가 짧아요. _____

3) 키가 크고 말랐어요. ___

4) 체격이 작고 머리가 길어요. ___

2 다음을 읽고 그림과 같으면 ◯, 다르면 ✕에 표시하세요.
Read the statement, and mark ◯ if it matches the picture and ✕ if it doesn't.

1) 교실이 너무 더워요. 좀 시원하면 좋겠어요.   

2) 내 친구는 운동을 좋아하지만 축구는 거의 안 해요.   

3) 저는 맛집에 가는 것은 좋아하지만 요리하는 것은 안 좋아해요.   

4) 내 노트북은 좀 무거워서 불편해요. 가벼웠으면 좋겠어요.

 읽어요 2

1 다음을 읽고 내용과 같으면 ◯, 다르면 ✕에 표시하세요.
Read the passage and mark ◯ if it statement is correct and ✕ if the statement is false.

저는 [　　　　　　◯　　　　　　]. 집에서 혼자 공부할 때도 있지만 카페나 도서관에서 친구하고 같이 공부하는 것을 더 좋아해요. 운동할 때도 헬스장에서 혼자 운동하면 별로 재미없어요. 친구들하고 같이 하는 것이 더 좋아요. 운동 경기를 볼 때도 경기장에 가서 여러 사람들하고 같이 보는 것이 더 재미있어요.
→stadium

1) 이 사람은 집에서 공부를 전혀 안 해요.　　　◯　　✕

2) 이 사람은 경기장에 가서 운동 경기 보는 것을 좋아해요.　　◯　　✕

2 다시 읽고 ㉠에 들어갈 문장을 고르세요.
Read the passage again and choose the appropriate sentence for ㉠.

① 한국어를 공부하는 것이 좋아요.

② 혼자 하는 것을 별로 안 좋아해요.

③ 친구들하고 같이 운동하는 것이 좋아요.

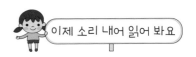
이제 소리 내어 읽어 봐요

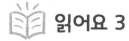 읽어요 3

1 다음을 읽고 내용과 같은 것을 고르세요.
Read the passage and choose the right statement.

다르다 different
비슷하다 similar

> 하루카는 제가 좋아하는 친구예요. 그렇지만 우리는 많이 달라요. 저는 체격이 크지만 하루카는 키가 작고 좀 말랐어요. 그리고 성격도 달라요. 저는 말을 별로 안 하지만 하루카는 재미있는 말을 잘해요. 그래서 하루카 옆에는 친구들이 많아요. 하루카는 요리하는 것을 좋아해서 지금 요리사 시험을 준비하고 있어요. 하루카가 요리사가 되면 그 가게에는 사람들이 정말 많이 올 거예요.

① 하루카는 친구가 별로 없어요.

② 하루카는 나하고 성격이 비슷해요.

③ 하루카는 요리사가 되고 싶어 해요.

2 이 사람하고 하루카 씨는 체격이 어때요? 다시 읽고 쓰세요.
What do the writer of the passage and Haruka look like? Read again and fill in the blanks with appropriate expression.

저는 _____ 하루카는 _____ 사람이에요.

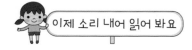 이제 소리 내어 읽어 봐요

좋아하는 것에 대한 글을 읽고 이해할 수 있어요? ☆ ☆ ☆ ☆ ☆

더 읽어요

● 다음을 읽고 내용과 같으면 ◯, 다르면 ✕에 표시하세요.
Read the passage and mark ◯ if it statement is correct and ✕ if the statement is false.

우리 집은 학교에서 가까워요. 그래서 아침에 늦게까지 잘 수 있어요. 그렇지만 저는 이사를 하고 싶어요. 집이 일 층이라서 낮에도 어두워요. 그리고 사람들이 이야기하는 소리, 자동차 소리가 들려서 밤에 잠을 못 잘 때도 있어요. 그래서 조용하고 밝은 집을 찾고 있어요. 그리고 넓고 깨끗한 집이면 좋겠어요. 이런 집이면 학교에서 먼 곳도 괜찮아요.

1) 이 사람이 지금 사는 집은 시끄럽고 어두워요.　　◯　✕

2) 이 사람은 학교에서 가까운 곳을 찾고 있어요.　　◯　✕

읽기 6
가족 Family

가족을 소개하는 글을 읽고 이해할 수 있다.

생각해 봐요

● **다음을 보고 누가 누구한테 썼는지 이야기하세요.**
Read the passage and talk about who wrote the letter and to whom.

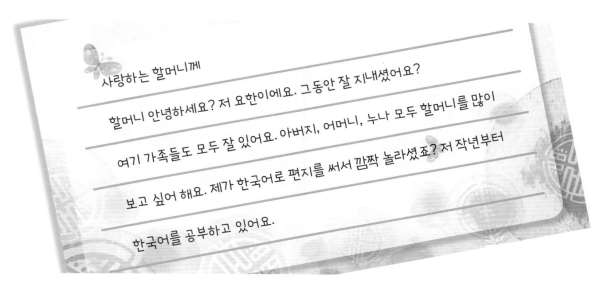

사랑하는 할머니께

할머니 안녕하세요? 저 요한이에요. 그동안 잘 지내셨어요?

여기 가족들도 모두 잘 있어요. 아버지, 어머니, 누나 모두 할머니를 많이

보고 싶어 해요. 제가 한국어로 편지를 써서 깜짝 놀라셨죠? 저 작년부터

한국어를 공부하고 있어요.

읽어요 1

1 누구예요? 다음을 읽고 쓰세요.
Who are they? Read the statement and write the answers.

1) 우리 아버지의 아버지예요.

2) 우리 어머니는 언니가 두 명 있어요.

3) 이 사람은 나보다 두 살 많아요. 나는 남자이고 이 사람은 여자예요.

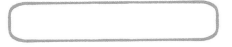

4) 우리는 부모님이 같아요. 이 사람하고 나는 얼굴도 같아요. 생일도 같아요.

2 다음을 읽고 그림과 같으면 ◯, 다르면 ✕에 표시하세요.
Read the statement, and mark ◯ if it matches the picture and ✕ if it doesn't.

1) 선생님께서 많이 편찮으세요.
그래서 오늘 학교에 안 오셨어요.

◯　✕

2) 할머니 친구분이 집에 오셨어요.
두 분은 할머니 방에 계세요.

◯　✕

3) 사장님께서 점심을 사 주셨어요.
그래서 저는 사장님께 커피를 사 드렸어요.

◯　✕

4) 어머니 선물을 샀어요.
어머니께서 이것을 받고 좋아하시면 좋겠어요.

◯　✕

📖 읽어요 2

1 이 사람의 부모님은 무슨 일을 하세요? 쓰세요.
What do the person's parents do for a living? Write the answer.

우리 가족은 아버지, 어머니 그리고 저 세 명이에요. 아버지는 올해 쉰두 살이시고 어머니는 쉰다섯 살이세요. 아버지와 어머니는 같이 치킨집을 하세요. 그런데 어머니께서 지난달에 좀 다치셨어요. 지금 일도 쉬고 집에 계세요. 그래서 저는 수업이 끝나면 집에 일찍 가서 아버지를 도와 드리고 있어요. 어머니께서 빨리 나으시면 좋겠어요.

2 다시 읽고 내용과 같은 것을 고르세요.
Read again, and choose the right statement.

① 이 사람은 부모님하고 같이 안 살아요.

② 어머니께서 아버지보다 연세가 많으세요.

③ 어머니께서 편찮으셔서 지금 병원에 계세요.

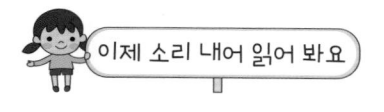
이제 소리 내어 읽어 봐요

1 다음을 읽고 내용과 같은 것을 고르세요.
Read the passage, and choose the right statement.

> 저는 우리 삼촌을 정말 좋아해요. 제가 어릴 때 삼촌은 우리하고 같이 살았어요. 그때 삼촌은 대학생이었어요. 부모님은 모두 일을 하셔서 저는 자주 삼촌하고 있었어요. 삼촌은 같이 놀아 주고 책도 읽어 주셨어요. 지금은 삼촌도 결혼을 해서 같이 안 살아요. 다음 달에는 ㉠삼촌의 아이가 태어날 거예요. 제가 삼촌한테 받은 사랑을 사촌 동생한테 주고 싶어요.
>
> ↳태어나다 be born

① 삼촌은 다음 달에 결혼을 할 거예요.

② 삼촌은 대학에 다닐 때 이 사람하고 같이 살았어요.

③ 삼촌은 이 사람한테 책을 자주 사 주셨어요.

2 다시 읽고 ㉠과 바꾸어 쓸 수 있는 말을 위 글에서 찾아 쓰세요.
Read the passage again and choose the word that can replace ㉠ from the passage above.

 이제 소리 내어 읽어 봐요

가족을 소개하는 글을 읽고 이해할 수 있어요?	☆ ☆ ☆ ☆ ☆

● **다음을 읽고 내용과 같은 것을 고르세요.**
Read the passage, and choose the right statement.

> 저는 동생이 많아요. 모두 네 명이에요. 첫째 동생이 고등학생, 둘째가 중학생, 셋째가 초등학생, 막내는 이제 두 살이에요. 귀여운 동생이 많아서 좋을 것 같지요? 그렇지도 않아요. 저는 어릴 때부터 제 시간이 없었어요. 동생들한테 밥을 주고 같이 놀아 주고 학교 공부도 도와줘야 했어요. 한국에 처음 왔을 때는 혼자 지낼 수 있어서 너무 좋았어요. 그런데 이제는 동생들이 너무 보고 싶어요.

① 이 사람 동생은 모두 고등학교에 다녀요.

② 이 사람은 지금 동생하고 같이 안 살아요.

③ 이 사람은 동생을 도와주는 일이 너무 좋았어요.

여행 Travel

 여행에 대한 글을 읽고 이해할 수 있다.

 생각해 봐요

● 다음을 보세요. 이곳에서는 어디를 구경할 수 있어요?
Look at the illustration. What can you see around here?

읽어요 1

1 다음을 읽고 그림과 같으면 ○, 다르면 ✗에 표시하세요.
Read the statement, and mark ○ if it matches the picture and ✗ if it doesn't.

1) 이곳에는 아름다운 성당이 많아요.

2) 절에서는 큰 소리로 말하면 안 돼요.

◯ ✕

3) 섬에 가려고 배를 탔어요.

◯ ✕

4) 저는 호수 근처를 산책하고 싶어요.

◯ ✕

5) 민속촌에서 옛날 집을 볼 수 있어요.

◯ ✕

2 사진을 보세요. 이 사람은 여행지에서 무엇을 해 봤어요? 모두 고르세요.
Look at the pictures. What did the person do while traveling? Choose all the correct answers.

① 꽃구경을 했어요.

② 높은 산에 올라갔어요.

③ 삼겹살을 먹어 봤어요.

④ 바다에서 수영을 해 봤어요.

⑤ 큰 사원에 가 봤어요.

⑥ 한국 음식을 만들어 봤어요.

 **읽어요 2**

1 이 사람은 어디에 갔어요? 모두 고르세요.
Where did the person go? Choose all the correct answers.

> 저는 지난 주말에 반 친구들하고 같이 전주에 갔어요. 우리는 먼저 한옥마을에 갔어요. 거기에는 한복을 입은 사람들이 많았어요. 저는 한복을 꼭 한번 입어 보고 싶었어요. 그래서 친구들하고 한복 가게에 들어가서 한복을 빌렸어요. 우리는 예쁜 한복을 입고 사진을 많이 찍었어요. 그리고 한옥마을 근처에 있는 성당을 구경했어요.

빌리다 rent

①  ②  ③  ④

2 다시 읽고 내용과 같은 것을 고르세요.
Read again, and choose the right statement.

① 이 사람은 전주에 혼자 갔어요.

② 이 사람은 전에 한복을 입어 봤어요.

③ 이 사람은 한복을 입고 사진을 찍었어요.

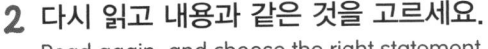 이제 소리 내어 읽어 봐요

 읽어요 3

1 아래 빈칸에는 어떤 사진이 들어갈까요? 다음을 읽고 고르세요.
Which picture would be appropriate for the blank below? Read the passage and choose the correct picture.

캐나다 여행 셋째 날.

finally ← 드디어 오늘 나이아가라 폭포에 가요.

어제까지 계속 비가 왔는데 오늘은 날씨가 정말 좋았어요.

호텔에서 아침을 먹고 택시를 타고 폭포로 갔어요.

나이아가라 폭포에 도착 ↰ arrival !

위에서 아래로 내려 본 폭포는 정말 크고 멋있었어요.

?

저는 가까운 곳에서 폭포를 보고 싶어서 배를 탔어요.

이 배는 폭포 바로 아래를 지나갔어요. 폭포 물이 비 같았어요.

정말 재미있었어요.

①  ②  ③  ④

2 다시 읽고 내용과 같은 것을 고르세요.
Read again, and choose the right statement.

① 이 사람이 폭포에 갔을 때 비가 왔어요.

② 이 사람은 오늘 캐나다 여행을 시작했어요.

③ 이 사람은 아침에 호텔에서 밥을 먹었어요.

이제 소리 내어 읽어 봐요

여행에 대한 글을 읽고 이해할 수 있어요? ☆ ☆ ☆ ☆ ☆

➕ 더 읽어요

● 다음 SNS 글을 읽고 내용과 같으면 ○, 다르면 ✕에 표시하세요.
Read the social media post, and mark ○ if the statement corresponds with the post and ✕ if it does not.

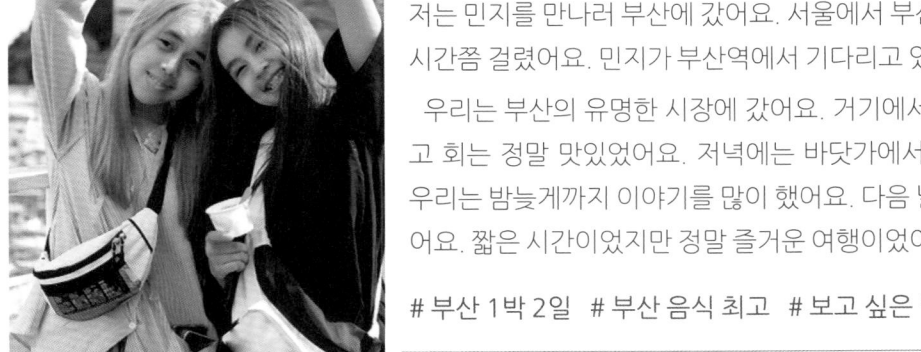

coco ✉ 팔로우

　제 친구 민지는 지금 부산에서 회사에 다녀요. 지난여름 휴가 때 저는 민지를 만나러 부산에 갔어요. 서울에서 부산까지 기차로 두 시간쯤 걸렸어요. 민지가 부산역에서 기다리고 있었어요.

　우리는 부산의 유명한 시장에 갔어요. 거기에서 먹어 본 국수하고 회는 정말 맛있었어요. 저녁에는 바닷가에서 야경을 봤어요. 우리는 밤늦게까지 이야기를 많이 했어요. 다음 날 서울로 돌아왔어요. 짧은 시간이었지만 정말 즐거운 여행이었어요.

\# 부산 1박 2일　\# 부산 음식 최고　\# 보고 싶은 민지

♥ 좋아요 54개

1) 이 사람은 친구를 기차역에서 만났어요. ○ ✕

2) 이 사람은 부산에서 3일 동안 있었어요. ○ ✕

읽기 8
옷 사기 Clothes Shopping

옷 사기에 대한 글을 읽고 이해할 수 있다.

 **생각해 봐요**

● **다음을 보고 무엇이 있는지 이야기하세요.**
Look at the illustration and talk about what things are sold online.

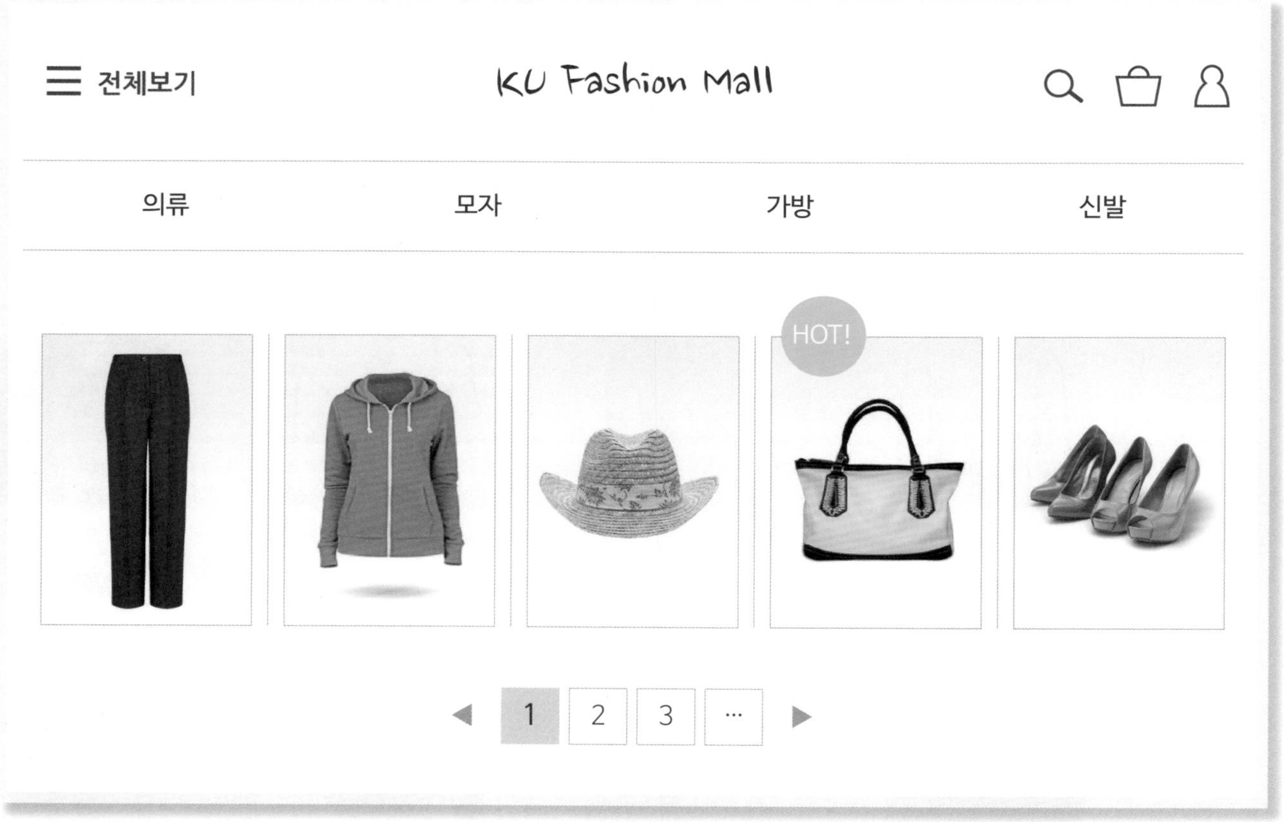

☰ 전체보기	KU Fashion Mall	🔍 🛍 👤

의류	모자	가방	신발

◀ **1** 2 3 … ▶

읽어요 1

1 다음을 읽고 그림의 번호를 쓰세요.
Write the number of the corresponding picture for each sentence.

1) 저는 오늘 회색 정장을 입었어요. _____

2) 저는 하얀색 티셔츠를 자주 입어요. _____

3) 어제 보라색 모자를 샀어요. _____

4) 저에게 분홍색 원피스가 잘 어울려요. _____

5) 겨울이라서 남색 코트를 사고 싶어요. _____

6) 저는 눈이 안 좋아서 매일 안경을 써요. _____

2 다음을 읽고 그림과 같으면 〇, 다르면 ✕에 표시하세요.
Read the statement, and mark 〇 if it matches the picture and ✕ if it doesn't.

1) 청소하는 것 같아요.    〇   ✕

2) 밥을 먹는 것 같아요.    〇   ✕

3) 아픈 것 같아요.    〇   ✕

4) 전화하는 것 같아요.    〇   ✕

5) 방이 추운 것 같아요.    〇   ✕

6) 춤을 추는 것 같아요.    〇   ✕

📖 읽어요 2

1 다음 글을 읽고 이 사람이 회사에 갈 때 입는 옷을 고르세요.
Read the passage and choose the outfit the person wears to work.

> 보통 회사원들은 정장을 입고 출근해요. 더운 여름에도 셔츠나 재킷을 입고 구두를 신어야 해요. 정장을 입으면 멋있지만 일할 때 조금 불편해요. 그런데 우리 회사는 정장을 안 입어도 돼요. 티셔츠하고 청바지를 입어도 되고 운동화를 ⟨　ㄱ　⟩. 그래서 저는 요즘 짧은 티셔츠하고 편한 바지를 입고 출근해요. 옷이 편해서 일도 잘할 수 있어요.

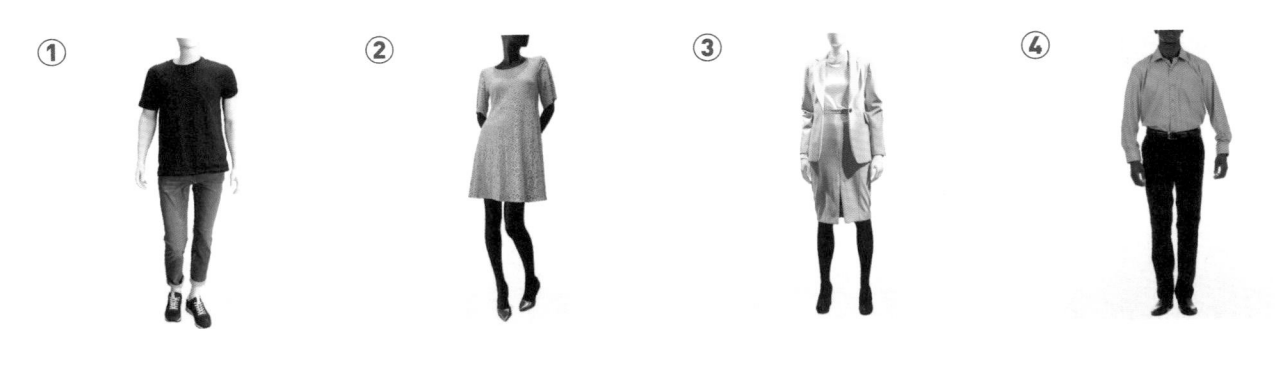

①   ②   ③   ④

2 다시 읽고 ㄱ에 들어갈 말을 쓰세요.
Read the passage again and write down an appropriate phrase for ㄱ.

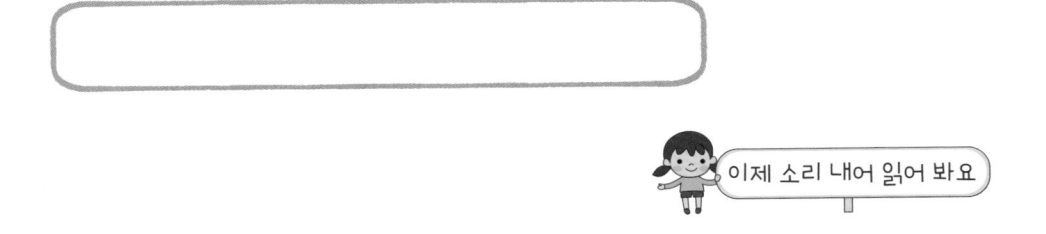
이제 소리 내어 읽어 봐요

📖 읽어요 3

1 다음 글을 읽고 이 사람이 사려고 하는 옷이 <u>아닌</u> 것을 고르세요.
Read the passage and choose the clothes that are <u>not</u> included in the person's shopping list.

> always 언제나
>
> 우리 나라는 항상 더운 나라예요. 칠월에 한국에 왔을 때 한국 날씨가 우리 나라하고 비슷했어요. 그래서 저는 옷을 안 사고 고향에서 산 옷을 입었어요. 그런데 요즘 한국 날씨가 조금 추워요. 친구들은 모두 긴 티셔츠하고 긴 바지를 입고 학교에 와요. 그렇지만 저는 긴 옷이 없어요. 그래서 이번 주말에 옷을 사려고 해요. 긴 티셔츠하고 긴 바지도 사고 따뜻한 카디건도 살 거예요.

①    ②    ③    ④

2 다시 읽고 내용과 같은 것을 고르세요.
Read again, and choose the right statement.

① 이 사람의 고향은 항상 여름이에요.

② 이 사람은 한국에서 옷을 많이 사 봤어요.

③ 이 사람의 친구들은 요즘 짧은 옷을 입어요.

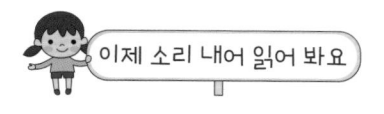 이제 소리 내어 읽어 봐요

옷 사기에 대한 글을 읽고 이해할 수 있어요?	☆ ☆ ☆ ☆ ☆

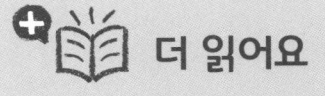

● 다음을 읽고 김서현 씨가 입은 옷을 고르세요.
Read the passage and choose the dress Kim Seo-hyun wears.

영화제에 많은 배우들이 왔어요. 모두 가장 멋있는 옷을 입었어요. 남자 배우들은 까만색이나 하얀색 정장을 입었어요. 여자 배우들은 모두 다른 느낌의 옷을 입었어요. 키가 작고 귀여운 송유나 씨는 하얀색 짧은 원피스를 입고 분홍색 구두를 신었어요. 키가 큰 김서현 씨는 앞은 짧고 뒤는 긴 원피스를 입었어요. 파란색이 잘 어울려서 오늘 온 배우 중에 가장 아름다웠어요.

① ② ③ ④

읽기 9
축하와 위로 Congratulations & Consolation

 축하하고 위로하는 글을 읽고 이해할 수 있다.

💡 생각해 봐요

● 다음을 보고 무슨 내용인지 이야기해 보세요.
Look at the illustrations and talk about what the cards are celebrating.

결혼을 축하드립니다.
두 분 사랑 영원하세요!

졸업을 축하합니다

생일 축하해

읽어요 1

1 다음을 읽고 맞는 그림을 연결하세요.
Match each sentence below with a corresponding picture.

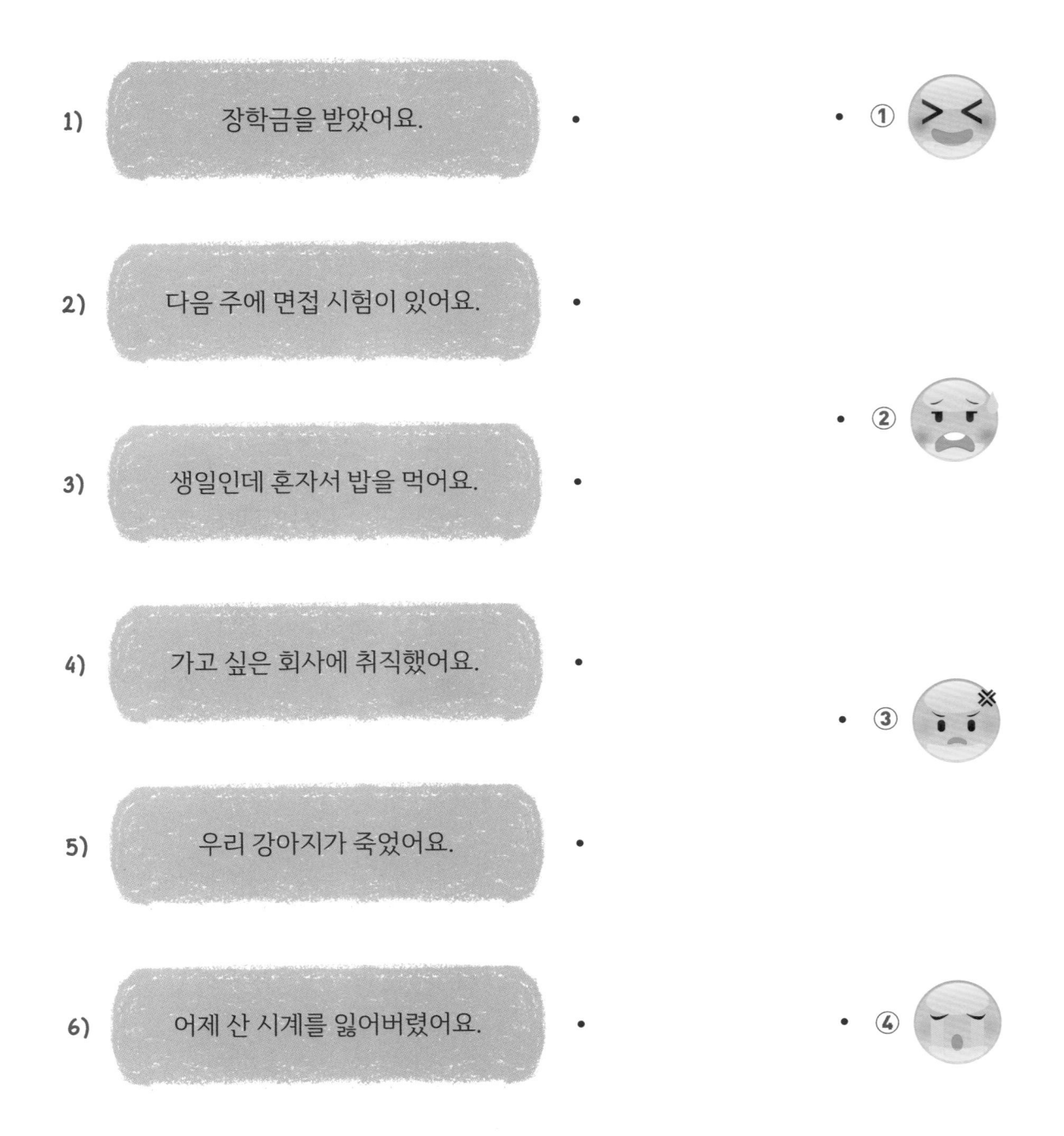

1) 장학금을 받았어요.

2) 다음 주에 면접 시험이 있어요.

3) 생일인데 혼자서 밥을 먹어요.

4) 가고 싶은 회사에 취직했어요.

5) 우리 강아지가 죽었어요.

6) 어제 산 시계를 잃어버렸어요.

① ② ③ ④

2 다음을 읽고 순서대로 그림의 번호를 쓰세요.
Read each sentence, and write the number of the corresponding picture in order.

1) 주말에 산에 갔는데 비가 왔어요.　　　　　____ **+** ____

2) 감기에 걸렸는데 친구가 약을 사 줬어요.　　____ **+** ____

3) 옷을 사러 백화점에 갔는데 선생님을 만났어요.　____ **+** ____

4) 집에서 쉬고 있는데 친구가 놀러 왔어요.　　____ **+** ____

5) 꽃을 좋아하는데 남자 친구가 꽃을 사 줬어요.　____ **+** ____

6) 샤워하고 있는데 전화가 왔어요.　　　　　____ **+** ____

📖 읽어요 2

1 다음을 읽고 카밀라 씨가 왜 카드를 썼는지 쓰세요.
Read the passage and write down the reason why Camila wrote the card.

> 두엔 씨!
>
> 생일 축하해요.
>
> 한국에서 보내는 첫 번째 생일이지만 좋은 친구들이 많아서 별로 안 외롭지요? 두엔 씨의 한국 생활이 항상 기쁘고 행복했으면 좋겠어요.
>
> 저는 두엔 씨하고 같은 반에서 공부할 수 있어서 아주 즐거워요. 두엔 씨, 제 이야기도 잘 들어 주고 모르는 한국어도 가르쳐 주어서 정말 고마워요. 우리 다음 학기〔semester〕도 잘 지내요.
>
> 카밀라

2 다시 읽고 내용과 같으면 ○, 다르면 ✕에 표시하세요.
Read again, and mark ○ if the statement is correct and ✕ if the statement is false.

1) 두엔 씨는 친구가 별로 없어요.   ○   ✕

2) 두엔 씨하고 카밀라 씨는 같은 반이에요.   ○   ✕

이제 소리 내어 읽어 봐요

1 이 사람은 지금 기분이 어떤 것 같아요? 다음을 읽고 쓰세요.
How do you think the person feels now? Read the passage, and write the answer.

> 저는 한국 회사에서 일하고 싶어요. 그래서 열심히 한국어 공부도 하고 취직 준비도 하고 있어요. 오늘은 제가 정말 가고 싶은 회사의 면접이 있었어요. 저는 한국 친구하고 면접 준비를 했어요. 친구가 질문하면 제가 대답했어요. 친구하고 연습할 때에는 대답을 잘한 것 같았어요. 그래서 면접 걱정을 거의 안 했어요. 그런데 오늘 면접에서 저는 한국말을 전혀 못 했어요. 친구하고 같이 연습한 질문이었지만 말을 할 수 없었어요. 이제 저는 어떡해요? 정말 울고 싶어요.

2 여러분이 이 사람의 친구라면 이 사람한테 무슨 말을 해 줄 거예요? 쓰세요.
If you were the person's friend, what would you say to the person? Write the answer.

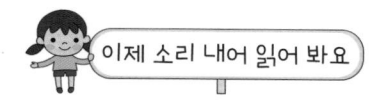
이제 소리 내어 읽어 봐요

축하하고 위로하는 글을 읽고 이해할 수 있어요? ☆ ☆ ☆ ☆ ☆

 더 읽어요

● 다음을 읽고 축하의 글인지 위로의 글인지, 왜 축하하고 위로하는지 이야기하세요.
Read the cards and discuss with your partner whether they deliver congratulations or consolation messages and why.

축 전
영 전

부장님, 승진을 진심으로
축하드려요.
앞으로도 저희에게
꿈과 희망이 되어 주세요.

영업팀
후배 일동

준호 형!
이거 드시고
힘내세요.
다음 시험에는
꼭 합격하실 거예요.
파이팅

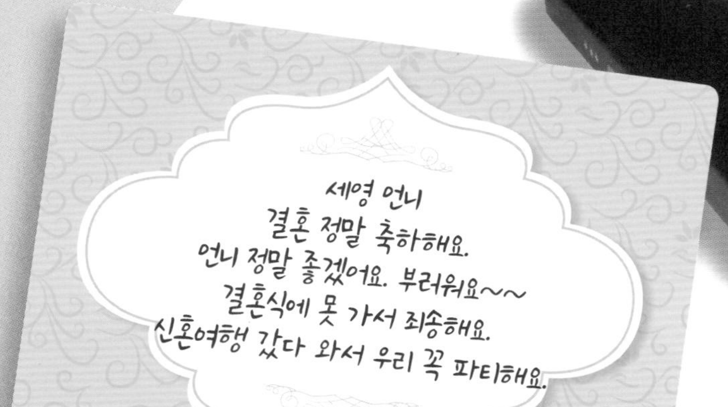

세영 언니
결혼 정말 축하해요.
언니 정말 좋겠어요. 부러워요~~
결혼식에 못 가서 죄송해요.
신혼여행 갔다 와서 우리 꼭 파티해요.

읽기 10
안부 Saying Hello

 안부를 묻는 글을 읽고 이해할 수 있다.

💡 생각해 봐요

● **다음을 보세요. 무슨 내용인지 이야기하세요.**
Look at the illustration. Discuss the content with your partner.

읽어요 1

1 단어를 찾아 문장을 만드세요.
Choose the word to complete each sentence.

선배	후배	과 동기
	반 친구	룸메이트
사장님	직장 상사	회사 동료

1) 마이클 씨는 제 _____. 우리는 2B반이에요.

2) 김슬기 씨하고 저는 기숙사에서 같은 방을 쓰는 _____.

3) 하준이는 제 _____.

   저는 2020년에 대학교에 입학했고 하준이는 2021년에 입학했어요.

4) 이민정 씨는 제 _____. 우리는 2022년 3월에 이 회사에 취직했어요.

5) 이 분이 제가 일하는 가게의 _____.

   20년 전에 이 가게를 시작하셨어요.

📖 읽어요 2

1 다음 메시지를 읽으세요. 누가, 누구한테 메시지를 보냈어요?
Read the text messages below. Who sent the message and to whom?

> < 지아 📞 ⚙️
>
> 카밀라, 안녕? 오후 1:41
>
> 오후 1:43 지아야, 오래간만이야. 잘 지냈어? 🙂
>
> 응, 잘 지내. 😆 넌 요즘 바빠? 오후 1:43
>
> 오후 1:43 아니, 별일 없어.
>
> 그럼 우리 오래간만에 볼까? 만나서 맛있는 것도 먹고. 오후 1:44
>
> 오후 1:44 좋아. 나 이번 주말에 시간 괜찮아.
>
> 그럼 토요일 여섯 시 학교 앞에서 만날래? 오후 1:44
>
> 오후 1:45 그래. 그럼 그날 봐. 😆

보낸 사람 [　　　　　　　]　　　　받은 사람 [　　　　　　　]

2 다시 읽고 내용과 같으면 ◯, 다르면 ✕에 표시하세요.
Read again, and mark ◯ if the statement is correct and ✕ if the statement is false.

1) 카밀라 씨는 요즘 아주 바빠요.　　　◯　✕

2) 두 사람은 학교 앞에서 만날 거예요.　◯　✕

> 이제 소리 내어 읽어 봐요

1 마디나 씨는 요즘 어떻게 지내요? 다음을 읽고 쓰세요.
How is Madina getting along these days? Read the passage, and write the answer.

메일쓰기	목록		답장하기	삭제하기
전체메일함	첸, 오랜만이야.			
	2급이 된 후에는 자주 못 만나네.			
받은메일함	나는 요즘 학교 앞 카페에서 아르바이트를 하고 있어.			
	낮에는 사람이 많아서 좀 정신이 없어.			
보낸메일함	너는 요즘 어떻게 지내?			
	제니퍼가 이번 학기 끝나고 고향으로 돌아가는 거 들었지?			
휴지통	그래서 같이 밥을 먹으려고 해.			
	다음 주 금요일 저녁 7시 '하나 식당'이야.			
	너도 꼭 와.			
	마디나			

2 다시 읽고 내용과 같은 것을 고르세요.
Read again, and choose the right statement.

① 제니퍼 씨는 지금 고향에 있어요.

② 첸 씨하고 마디나 씨는 지금 같은 반이에요.

③ 마디나 씨는 다음 주 금요일에 '하나 식당'에 갈 거예요.

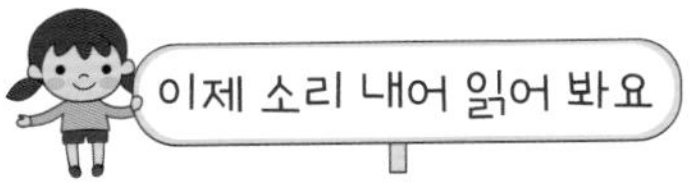

이제 소리 내어 읽어 봐요

안부를 묻는 글을 읽고 이해할 수 있어요? ☆ ☆ ☆ ☆ ☆

🕮 더 읽어요

● 다음 글을 읽고 내용과 같으면 ○, 다르면 ✗에 표시하세요.
Read the passage, and mark ○ if the statement is correct and ✗ if the statement is false.

지난 주말에 한국대학교 경영학과 동창회가 있었어요. 오랜만에 동기하고 선배를 만나서 정말 기뻤어요. 동기 민수는 승진을 하고 후배 은지는 회사를 그만두고 대학원에 다니고 있어요. 용재 선배한테는 드디어 여자 친구가 생겼어요. 축하할 일이 정말 많았어요. 나만 별일이 없었어요. 다음 동창회 때에는 나한테도 축하할 일이 생겼으면 좋겠어요.

1) 이 사람은 용재 씨의 후배예요.   ○   ✗

2) 은지 씨하고 용재 씨는 과 동기예요.   ○   ✗

정답

1과 자기소개

● 읽어요 1

1
  1) X   2) ○   3) ○
  4) X   5) ○

2
  1) ③ ➡ ⑧   2) ⑦ ➡ ②
  3) ① ➡ ⑥   4) ④ ➡ ⑤

● 읽어요 2

1   ④

2   ③

● 읽어요 3

1   관광 가이드

2   ③

● 더 읽어요

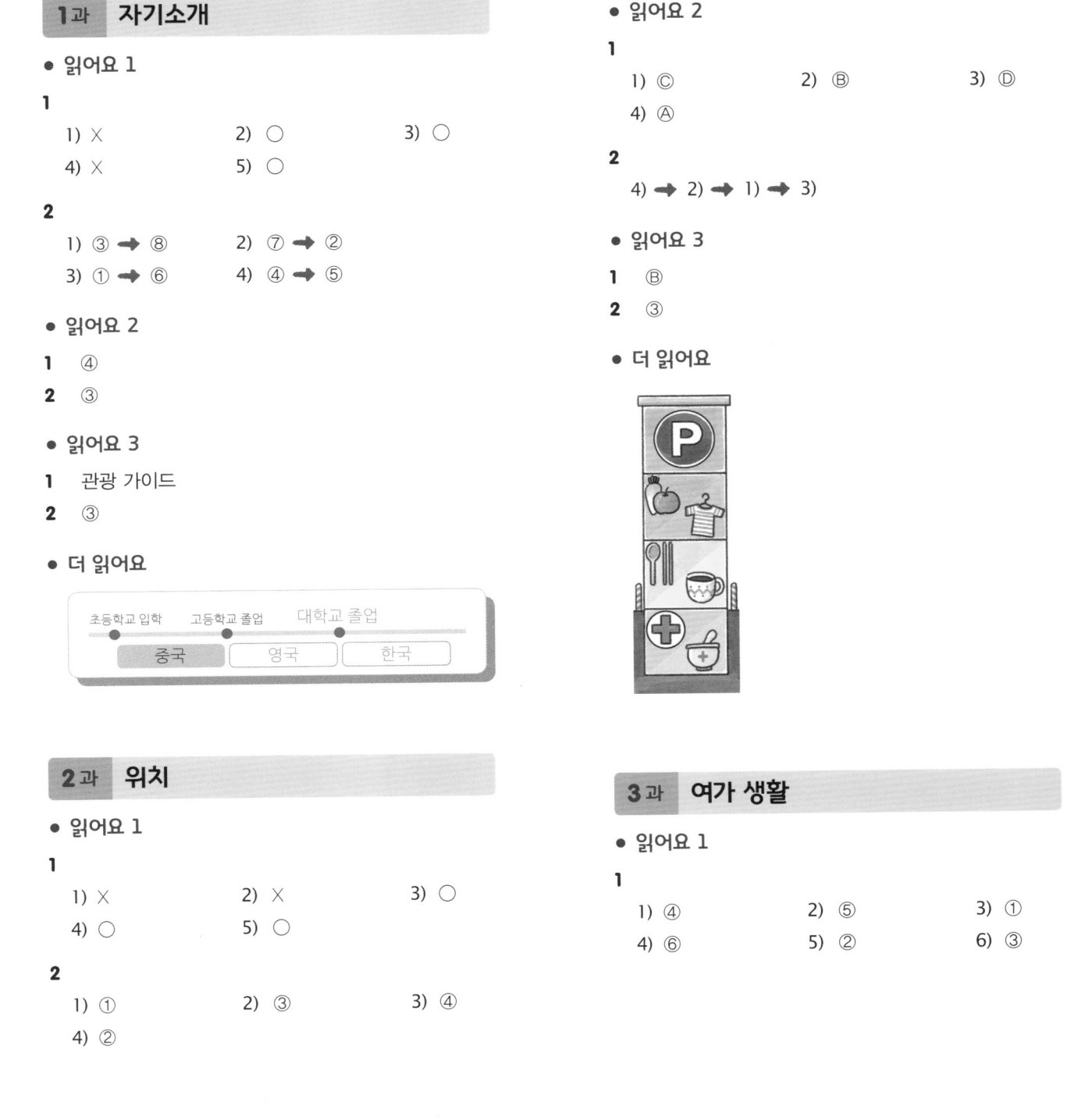

2과 위치

● 읽어요 1

1
  1) X   2) X   3) ○
  4) ○   5) ○

2
  1) ①   2) ③   3) ④
  4) ②

● 읽어요 2

1
  1) ⓒ   2) ⑧   3) ⓓ
  4) ⓐ

2
  4) ➡ 2) ➡ 1) ➡ 3)

● 읽어요 3

1   ⓑ

2   ③

● 더 읽어요

3과 여가 생활

● 읽어요 1

1
  1) ④   2) ⑤   3) ①
  4) ⑥   5) ②   6) ③

2

1) ○　　　　2) ✕　　　　3) ✕
4) ○　　　　5) ✕　　　　6) ✕

● 읽어요 2

1　①

2　②

● 읽어요 3

1　④

2　③

● 더 읽어요

1) ✕　　　　2) ○

4과　건강

● 읽어요 1

1

1) ○　　　　2) ✕　　　　3) ○
4) ✕　　　　5) ○　　　　6) ✕

2

1) ②　　　　2) ①　　　　3) ②
4) ①

● 읽어요 2

1　③

2　①

● 읽어요 3

1　③

2

1) ○　　　　2) ✕

5과　좋아하는 것

● 읽어요 1

1

1) ⑥　　　　2) ②　　　　3) ①, ③
4) ④

2

1) ○　　　　2) ✕　　　　3) ✕
4) ✕

● 읽어요 2

1

1) ✕　　　　2) ○

2　②

● 읽어요 3

1　③

2　저는 체격이 크지만 하루카는 키가 작고 좀 마른 사
　　람이에요.

● 더 읽어요

1) ○　　　　2) ✕

6과　가족

● 읽어요 1

1

1) 할아버지　　　2) 이모
3) 누나　　　　　4) 쌍둥이

2

1) ○　　　　2) ✕
3) ✕　　　　4) ○

● 읽어요 2

1　치킨집을 하세요.

2　②

● 읽어요 3

1　②

2　사촌 동생

● 더 읽어요

②

정답

7과 여행

- 읽어요 1

1

1) × 2) ○

3) ○ 4) ×

5) ○

2 ①, ③, ④

- 읽어요 2

1 ②, ③

2 ③

- 읽어요 3

1 ④

2 ③

- 더 읽어요

1) ○ 2) ×

8과 옷 사기

- 읽어요 1

1

1) ⑧ 2) ① 3) ⑥

4) ② 5) ⑤ 6) ④

2

1) × 2) × 3) ○

4) ○ 5) ○ 6) ○

- 읽어요 2

1 ①

2 신어도 돼요

- 읽어요 3

1 ④

2 ①

- 더 읽어요

②

9과 축하와 위로

- 읽어요 1

1

1) ① 2) ② 3) ④

4) ① 5) ④ 6) ③, ④

2

1) ① + ⑨ 2) ⑦ + ⑩

3) ⑪ + ⑤ 4) ④ + ⑫

5) ⑧ + ③ 6) ② + ⑥

- 읽어요 2

1 생일을 축하하고 싶어서

2

1) × 2) ○

- 읽어요 3

1 슬픈 것 같아요,

2 걱정하지 마세요. 잘될 거예요.

10과 안부

- 읽어요 1

1

1) 반 친구예요. 2) 룸메이트예요.

3) 후배예요. 4) 회사 동료예요.

5) 사장님이세요.

- 읽어요 2

1 보낸 사람: 지아 받은 사람: 카밀라

2

1) × 2) ○

- 읽어요 3

1 좀 바빠요. 아르바이트를 하고 있어요.

2 ③

- 더 읽어요

1) ○ 2) ×

어휘 찾아보기 (단원별)

어휘 찾아보기 (가나다순)

2
English Version

 Reading

초판 발행	2019년 8월 5일
2판 발행 1쇄	2023년 8월 25일
지은이	고려대학교 한국어센터
펴낸곳	고려대학교출판문화원
	www.kupress.com
	kupress@korea.ac.kr
	02841 서울특별시 성북구 안암로 145
	Tel 02-3290-4230, 4232
	Fax 02-923-6311
유통	한글파크
	www.sisabooks.com / hangeul
	book_korean@sisadream.com
	03017 서울시 종로구 자하문로 300 시사빌딩
	Tel 1588-1582
	Fax 0502-989-9592
일러스트	최주석, 황주리
편집디자인	한글파크
찍은곳	네오프린텍(주)
ISBN	979-11-90205-00-9 (세트)
	979-11-90205-71-9 04710

값 12,000원
※ 잘못 만들어진 책은 바꿔 드립니다.